वो भी एक औरत थी

जगदीश चंद्र कापड़ी

Made with ♥ on the Notion Press Platform
www.notionpress.com

"यह पुस्तक मेरे माता-पिता, मेरे परिवार, मेरे सभी साथी वीर जवानों को तथा उन सभी दोस्तों को समर्पित हैं, जिनके अटूट बिश्वास और आशीर्वाद ने मुझे इस काबिल बनाया की मैं अपने सपनों को शब्दों मे पिरो सकूँ।

यदि मेरी एक भी कविता आपके दिल मे देश के प्रति प्रेम और सम्मान जगा सके, तो मेरी यह सबसे बड़ी सफलता होगी।

मैं यह विनम्रतापूर्वक स्पष्ट करना चाहता हूँ कि मेरी इन रचनाओं का उद्देश्य किसी भी राजनीतिक दल, सरकार या व्यक्ति विशेष के विरुद्ध लिखना नहीं हैं, और न ही मेरा अभिप्राय किसी धार्मिक भावना या आस्था पर प्रश्न उठाना हैं। ये कविताएं केवल मेरे विचारों और देश के प्रति मेरे प्रेम की अभिव्यक्ति हैं।"

- जगदीश चंद्र कापड़ी

क्रम-सूची

क्रम-सूची

प्रस्तावना

"मेरा उद्देश्य केवल शब्दों को पिरोना नहीं, बल्कि पाठकों के दिल तक उन भावनाओं को पहुँचाना है, जिन्हे अक्सर नजरंदाज कर दिया जाता हैं। अगर मेरी ये रचनाएँ किसी एक ब्यक्ति को भी सोचने पर मजबूर करे, तो मेरा प्रयास सफल होगा।

वर्दी पहनना मेरे लिए केवल एक कर्तव्य नहीं बल्कि गर्व और सम्मान का प्रतीक रहा हैं। ट्रैनिंग के कठोर दिनों से लेकर सरहद की ठंडी रातों तक, हर अनुभव ने मुझे एक नया सबक दिया। मेरे साथी जवानों के साथ बिताये पल मेरी जिंदगी के अमूल्य हिस्से बन गये।

मैंने इस पुस्तक मे अपने उन्ही अनुभवों और भावनावों को शब्दों मे ढालने की कोशिश की हैं, ताकि लोग सैनिक जीवन को करीब से महसूस कर सके।"

- जगदीश चंद्र कापड़ी

1. कवि

जगदीश चंद्र कापड़ी

2. कविताएं

1- ६ कुमाऊँ से जंगी पलटन तक

बतलाता हूँ, सुनो कहानी ६ कुमाऊँ की।

जिसके कारन, पलटन भी जंगी है, कुमाऊँ की।

*

बतलाया ताऊ ने हमें एक दिन आपबीती।

बासठ की जंग, वालोंग की रातबीती।

लड़ा जंग कैसे हमने वो दृश्य भयानक।

सहसा तोड़ डाला शत्रु ने स्वयं संधि-नीति।

बतलाता हूँ, सुनो कहानी ६ कुमाऊँ की।

जिसके कारन पलटन भी जंगी है, कुमाऊँ की।

*

पीपल्स लिबरेशन आर्मी आगे बड़ी हमारे जमीं में।

लोहा लेते रहे हम संसाधनों की कमी में।

शौर्य पराक्रम का प्रलय ऐसा आया।

वरिष्ठ-कनिष्ठ सारे अबिरल हुए हमी में।

बतलाता हूँ, सुनो कहानी ६ कुमाऊँ की।

जिसके कारन, पलटन भी जंगी है, कुमाऊँ की।

*

हमारे चारों ओर थी झुकी पहाड़ियाँ।

टूटी चहाने, जलते देवदार, कटीली झाडियाँ।

खामोशी से आते शत्रु को हमने पहचान लिया।

जो थे, संख्या बल मे बहुत अधिक टुकड़ियाँ।

बतलाता हूं, सुनो कहानी ६ कुमाऊँ की।

जिसके कारन पलटन भी जंगी है, कुमाऊँ की।

*

ग्रेनेड कोई मध्य हमारे आकर सरकते।

पीले तारे सहसा रात को चमकते।

बहती धारा देह में लहू की देखकर।

पछाड़ चतुराई शत्रु की जंगी दमकते।

बतलाता हूं, सुनो कहानी ६ कुमाऊँ की।

जिसके कारन, पलटन भी जंगी है, कुमाऊँ की।

*

शहीद, घायल, लापता, का फिर भी पता।

अंत हुआ जिनका भूख से उनका नहीं पता।

खरपतवार खाया, मैंने भी, जब मिला नहीं, कुछ।

खाली पेट प्रचंड रण भेद रहा एक जत्था।

बतलाता हूँ, सुनो कहानी ६ कुमाऊँ की।

जिसके कारन पलटन भी जंगी है, कुमाऊँ की।

*

पुलिंदे ठोस खाद्य के गिरे आसमान से।

मगर हम छूटते रहे विमान चालक के ध्यान से।

हताहत हुए जो गोली से - शहीद कहलाए।

भूखमरों को नवाजा जाता काश अधिक आन-बान से।

*

बतलाता हूँ, सुनो कहानी ६ कुमाऊँ की।

जिसके कारन, पलटन भी जंगी है, कुमाऊँ की।

*

अभाव अमित था, अस्त्र-शस्त्र का भीषण रण में।

मातृभूमि का मान अग्र था, जब पलटन में।

क्षय-निज बहुत हो चुका मगर फिर भी।

छोड़ मैकमोहन रेखा, शत्रु भागे उल्टे पाँव सिने।

बतलाता हूं, सुनो कहानी ६ कुमाऊँ की।

जिसके कारन पलटन भी जँगी है, कुमाऊँ की।

*

बतलाता हूँ, सुनो कहानी ६ कुमाऊँ की।

जिसके कारन पलटन भी जंगी है, कुमाऊँ की।

"[कापड़ी]"

2- सैनिक तुझे मेरा अभिवादन

"दशहरे में तुम घर आ जाना।

रामलीला में लक्ष्मण हूँ, तुम राम बन जाना।"

भाई का खत आया था।

*

"नहीं आ सकता भाई।

दोस्तों से करना भरपाई।"

मैंने यही जबाब दिया था।

*

"रक्षाबंधन में छुट्टी आना।

छोटी बहन का हो रहा रोज राखी ले आना।"

बहन का खत आया था।

*

"छुट्टी नहीं मिल रही है, बहना।

खत में भेज देना, छोटी को भी कहना।"

मैंने यही जबाब दिया था।

*

"दीपावली मे तू घर आना।

बहुत दिन हो गए तुझे देखे, तू आना।"

माँ का खत आया था।

*

"दीप जला देना माँ रक्षा का।

मेरे नहीं देश की सुरक्षा का।"

मैंने यही जबाब दिया था।

*

"होली में तुम अविलंब आना ।

अब नहीं चलेगा तुम्हारा बहाना।"

भार्या का खत आया था।

*

"इल्म नहीं सजनी तुझे मैं हूँ, कहाँ?

दुश्मन के लहू से खेल रहे, होली यहाँ।"

मैंने यही जबाब दिया था।

*

"सैनिक तुझे मेरा अभिवादन,

बेफिक्र रहना, घर का मैं कर रहा परिपालन।"

पिता श्री का खत आया था।

*

"पहले भारत माँ. फिर अपनी माँ।

पीठ नहीं दिखाना, कर्तव्य तू निभाए जा।"

पिता श्री का खत आया था।

*

"कामयाबी मिलेगी तुम्हे शीघ्र ही,

दुआएँ साथ हैं, पूरे राष्ट्र की।"

पिता श्री का खत आया था।

*

"मैं तिरंगा कभी झुकने नहीं दूँगा।

दुश्मन को जीते-जी जीतने नहीं दूँगा।"

मैंने यही जबाब दिया था।

*

"पिताश्री करो महायज्ञ की तैयारी।

अन्याय की हर चिंगारी, बने आहुति हमारी।

शत्रु के हर दंभ को राख करेंगे हम।

अब वतन की रक्षा की हैं, बारी हमारी।"

मैंने यही जबाब दिया था।

*

"देता हूँ, आपको एक बड़ी जिम्मेदारी।

गाँव का बच्चा-बच्चा, बना दो क्रांतिकारी।"

मैंने यही जबाब दिया था।

मैंने यही जबाब दिया था।

"[कापड़ी]"

3- हाथीगढ़ में

मेरी पहली पोस्टिंग थी, असम के हाथीगढ़ में,

रात को हाथियो का बहुत खतरा था - हाथीगढ़ में।

नाका में जब पहले दिन पहरा दिया,

उस रात ने मुझे डरा दिया।

वो डर की रात थी,

मेरे लिए नई-नई बात थी।

बिना प्रकाश किये मुझे पहरा देना था।

आदेश था, - पूरी रात अँधेरे मे पहरा देना था।

रात ऐसी क्या बताऊँ - रात अँधेरी काली स्याह सी,

सन्नाटे को चीरती हर आहट कराह सी।

आँखे बंद कर लू,

चाहे फाड-फाड के देख लू,

अंधेरा एक समान बिल्कुल सन्नाटा,

सन्नाटे से भी दो गुना ज्यादा सन्नाटा।

तमाचा भी मार दे, कोई तो पता नहीं,

कहाँ से मारा, किसने मारा पता नहीं?

मैं अकेला राइफल लिए खड़ा रहा।

बिल्कुल स्थिर सहमा सा खड़ा रहा।

फिर मैंने खुद से कहा, "तू डर मत,

घबराकर कायरता अपने अंदर भर मत।

तू धूप, बारिश, अंधेरे सबसे लड़ने के लिए आया है,

तू देश को बचाने के लिए आया है।"

और उसके बाद, मैं बिल्कुल निड़र खड़ा रहा।

डटा रहा।

फिर मैं - पूरी जिंदगी कभी डरा नहीं,

न जाने कितने पहरे दिए, पर डरा नहीं।

"[कापड़ी]"

4- हिन्दू वीरों को दोहराता हूँ

*

विदेशी आक्रांता की आभा को इतिहास से मिटाता हूँ।

फिर से, मैं फिर से हिन्दू वीरों को दोहराता हूँ।

*

तीव्र निगाहे, प्रबल भुजाएँ एक आर्य था।

महासम्राट अशोक नाम से एक मौर्य था।

धरम का मोड ऐसा कलिंग युद्ध से आया।

जम्बू द्वीप, श्री लंका तक बोंद्ध धर्म फैलाया।

*

समुद्रगुप्त ने मानो जैसे फिर सतयुग बुलाया।

अस्वमेध यज्ञ के आयोजन से स्वर्णयुग लाया।

न्याय, समता, लोक कल्याण ऐसा किया।

बोली प्रजा- "महाराजाधिराज नवयुग लाया"।

*

मंदिर भव्य बनाये जब राजेन्द्र चोल ने।
अवतार नया दिखाया, दक्षिण के भूगोल ने।
गच्चा खाया इंडोनेशिया, मलेशिया के अडोल ने।
नौ सेना होती क्या है? बताया राजेन्द्र चोल ने।

*

रायचूर, दोआब, उदयगिरी को लपेटा।
बीजापुर, उड़ीसा, गोलकुंडा को समेटा ।
लाखों हिन्दू बचाए इस्लामी चुंगल से जिसने।
कृष्ण देव राय जैसे वीर योद्धा भारत ने जने।

*

विदेशी आक्रांता की आभा को इतिहास से मिटाता हूँ।
फिर से, मैं फिर से हिन्दू वीरों को दोहराता हूँ।

*

चौहान के शोर्य का तराईन में युद्ध प्रथम था।
माफ किया सत्रह बार गौरी को क्या ये कम था।

पराक्रम चरम था, तथापि पृथ्वीराज नरम था।

गद्दार निकला जयचंद वरना गौरी खतम था।

*

मेवाड़ भूमि पर कुर्बानी की बुलंद कहानी है।

कदम-कदम पर महाराणा का रण स्वयं अभिमानी है।

इतिहास हल्दी घाटी का याद हमें मुह-जुबानी है।

गोरिल्ला के रण में सिंहासन की कुर्बानी है।

चेतक के बलिदान में प्रचंड जीत की निशानी है।

रोते-रोते बोला अकबर - "ये कैसा हिन्दुस्तानी है?

ये कैसा हिंदुस्तानी है?"

*

देश धरम पर मिटने वाला एक हिन्दू वीर था।

परम प्रतापी छत्रपती स्वराज पर गंभीर था।

मुंगलों के अतांक जब भारत में फलक रहे थे।

बनकर कंटक मराठा, औरंग के निकट रहे थे।

*

विदेशी आक्रांता की आभा को इतिहास से मिटाता हूँ।

फिर से, मैं फिर से हिन्दू वीरों को दोहराता हूँ।

"[कापड़ी]"

5- छावा का शौर्य

*

देख ले छावा तेरा शौर्य कैसा चमक रहा।
खाया मीठा जब हमने, उसमे भी तेरा नमक रहा।

*

मुंगलो का अतांक जब चारो ओर फलक रहा।
कर रहा घात, कोई अपना भी बहक रहा।
पिता छत्रपति शिवाजी महाराज जब रहे नही,
स्वराज का सपना लेकर छावा महक रहा।

*

देख ले छावा तेरा शौर्य कैसा चमक रहा।
खाया मीठा जब हमने, उसमे भी तेरा नमक रहा।

*

वर्ण ब्राह्मण कवि कलश का साथ मिला।
अंग्रेज, पुर्तगाली का मगर प्रतिघात मिला।

मुंगल कुछ नहीं थे, छावा के आगे, मगर-

छला गया, तो भी अपनो का ही हाथ मिला।

*

देश-धरम पर मिटने वाला हिन्दू-वीर था।

परम-प्रतापी संभा जी स्वराज पर गम्भीर था।

एक सो बीस लड़ी लड़ाइयाँ, हर बार, मगर-

चक्रब्यूह में फँसता जो, वह आलमगीर था।

*

औरंग ने क्रोध में, भगवा को लाल किया।

काल उठाकर कांधे मे शेर ने महाकाल किया।

झुका नहीं, मृत्यु चुना पर इस्लाम नहीं।

मृत्यु भयभीत किया, भय का अकाल किया।

*

देख ले छावा तेरा शौर्य कैसा चमक रहा।

खाया मीठा जब हमने, उसमे भी तेरा नमक रहा।

*

पुत्र बचाया औरंगजेब का औरंगजेब से।

हारा नहीं संभू कभी, किसी भी एक से।

लहराया बिज़य पताका पूरे दक्खन मे।

जीती जंग जो हारा अपनो के फरेब से।

*

घेर सम्भा और कवि कलश को जंजीरों मे।

नाखून उखाडे, नमक छिड़क दिया जख्म शरीरों मे।

आँखे फोडी, जीभ काटी मगर संभू डरा नहीं।

पीछे छोड़ा बुलन्द स्वराज मराठा कर्मवीरो में।

*

देख ले छावा तेरा शौर्य कैसा चमक रहा।

खाया मीठा जब हमने, उसमे भी तेरा नमक रहा।

*

*

वीर, रणधीर, लक्ष्यभेदी - मराठा प्रचंड था।

क्षत-बिक्षत किया औरंग ने मगर वो अडिग था।

सींच कर रखा स्वराज को रक्त की बूँद-बूँद से।

सौ से ज्यादा युद्ध जीते, क्योंकि मराठा अखंड था।

*

देख ले छावा तेरा शौर्य कैसा चमक रहा।

खाया मीठा जब हमने, उसमे भी तेरा नमक रहा।

"[कापड़ी]"

6- महाराणा का रण स्वयं अभिमानी है

मेवाड़ भूमि पर कुर्बानी की बुलन्द कहानी है।

कदम-कदम पर महाराणा का रण स्वयं अभिमानी है।

*

इतिहास हल्दी घाटी का याद हमे मुह-जुबानी है।

किला गोगुन्दा की कहानी जानी पहचानी है।

ना अकबर जीता घाटी मैं, ना राणा हारे।

गोरिल्ला के रण में सिहासन की कुर्बानी है।

*

मेवाड़ भूमि पर कुर्बानी की बुलंद कहानी है।

कदम-कदम पर महाराणा का रण स्वयं अभिमानी है।

*

मान सिंह समेत अस्सी हजार भेजे अकबर ने।

खुद आया नहीं डराया उसे राणा के डर ने।

हजारो को मारा था, बीस मेवाडियो ने मरते-मरते।

दिशा दी तब राणा को गोरिल्ला के अवसर ने|

*

हल्दी घाटी के ज़ख़्म भरे कल्याणी के गाँव में।

राणा फिर से खड़े हुये भामाशाह के दांव में।

मेवाड़ सहित गौरव था, महाराणा का गोगुंदा।

छोड़ गद्दी महाराणा गये भीलो के छाँव में।

*

किला गोगुंदा, दुश्मन ने जीता धोखे से।

खुराक खाने को मिला नही कुछ खोजे से।

मुंगल सेना तड़प उठी भूख से जब।

अपने ही धोडे काट के खाये मजे से ।

*

महाराणा रोये थे, चेतक के बलिदान से।

प्रेम उसको किया था, ज्यादा अपनी जान से।

चुन-चुन कर मारा था, राणा ने मुंगलों को।

फतह किया किला पुन: भीलो के योगदान से।

*

मेवाड़ भूमि पर कुर्बानी की बुलंद कहानी है।

कदम-कदम पर महाराणा का रण स्वयं अभिमानी है।

*

तलवार उठी जब राणा की फैला ऐसा सन्नाटा।

बहलोल खान को रण में धोडे सहित काटा।

लाज रखी प्रताप ने बप्पा रावल के गौरव की।

अजेय रहा कीका, रहा अकबर को घाटा।

*

राणा प्रताप का रक्त बह रहा।

मेवाड़ भूमि पर अंगार कह रहा।

प्रचंड जीत है, आँखो मे अमिट,

भीषणतम भाला यही कह रहा।

*

इतिहास भरा है, मुंगलो से, ये तो बेईमानी है।

सिमट गया नाम बलिदानो का - ये छेड़खानी है।

जिये स्वतंत्र अंत तक, रहे स्वतंत्र महाराणा,

रोते-रोते बोला अकबर - "ये कैसा हिंदुस्तानी है?

ये कैसा हिंदुस्तानी है?"

*

मेवाड़ भूमि पर कुर्बानी की बुलंद कहानी है।

कदम-कदम पर महाराणा का रण स्वयं अभिमानी है।

"[कापड़ी]"

7- लालटेन की आत्मकथा

मेरा दौर अब अंतिम सांसे ले रहा हैं।

मुझे खबर भी नहीं हुई।

अपना वजूद खोते जा रही हूँ।

नाम की जिंदा हूँ, मगर रोज मरते जा रही हूँ।

*

कितनी इज्जत थी समाज में।

हरिकेन, कंदील से भी जानी जाती।

कम होती जा रही हर साल मेरी आबादी,

अब तो नाम भी अपना भूलती जा रही हूँ।

*

मेरे प्रकाश मै विद्यार्थी रात भर,

भविष्य की तस्वीर उतारते थे।

अब तो डायनासौर की तरह,

लुप्त होते जा रही हूँ।

*

शादी, महोत्सव में अपने दोस्तों के साथ,

रोशनी से मैं भर जाती थी।

अब तो मैं एलईडी व लेजर डायोड

के बोझ तले दबते जा रही हूँ।

*

मेरी बाती थोड़ी उठाकर,

मुझमे मिट्टी का तेल भरकर,

मेरे शीशे मै कपड़ा-हाथ डालकर,

बड़ी मशक्कत से गुजरकर,

बाती मेरा जलाना इंसान का, भूलती जा रही हूँ।

"[कापड़ी]"

8- श्वान या गाय

नस्ल महंगे श्वान जिसने पाले,

ताज अमीरी का उसके हवाले।

*

कालांतर में शोर बहुत है,

चकाचौंध का जोर बहुत है,

अंतिम छोर में धैर्य खड़ा है,

तत्काल जो नूतन आया कामचोर बहुत है।

नस्ल महंगे श्वान जिसने पाले,

ताज अमीरी का उसके हवाले।

*

जिस गाय को कहते हो माता,

रिश्ता रहा दूध का, पाला नहीं जाता,

गाय पाले कंगाल, श्वान पाले धनवान,

परराष्ट्र से यह मिथक यहाँ पैर जमाता।

*

नस्ल महंगे श्वान जिसने पाले,

ताज अमीरी का उसके हवाले।

*

हर पूजा में गाय को खोजे सारे,

खून-पसीना एक कर श्वान के पीछे सारे,

गाये भटक रही हर राह में बहुत,

मगर श्वान को मिलती चीजें सारे।

*

नस्ल महंगे श्वान जिसने पाले,

ताज अमीरी का उसके हवाले।

"[कापड़ी]"

9- मेरे गाँव की बूढ़ी दादी

एक युग को,

गाँव मे ढलते देखा,

पर्वतो मे बूढ़ी दादी को,

टहलते देखा।

कप-कपी होठो से,

टूटे-बिखरे,

शब्दों का जाल,

बिखेरते देखा।

उस बूढ़ी दादी को,

लाठी के सहारे,

क्षतिग्रस्त राहो पर,

मैंने चलते देखा।

स्वतंत्रता संग्राम की,

दिलचस्प कहानी,

बच्चों को प्रायः

सुनाते देखा।

उन बूढ़ी हड्डियों में

निरंतर,

जवाँ आत्मा को,

मैंने महकते देखा।

दिन-भर,

हाड-मांस के ढांचे को,

और झुकी कमर को,

हिलते-डुलते देखा।

झुर्रिया पड़ी हुई

पूरे तन में,

उस निर्बल काया को,

मैंने कभी न थकते देखा।

"[कापड़ी]"

10- दंड मिला

ग्रीष्म ऋतु में,

जब धूप आया

धधकता शूल सा।

*

बचपन में तब, मैंने बोया,

पेड़ जो था,

बबूल का।

*

सोचा आंगन में, छाया देगा,

बडा होगा, जब पेड़ बबूल का।

*

कुछ बरस फिर किया इंतजार,

"अरे जल्दी बड़ा हो जा पेड़ देवता"

पेड़ वही बबूल का।

*

जब हुआ बड़ा, तो मैं गया नीचे,
पेड़ के चारो तरफ सैलाब धूप का,
तूफान आया धूल सा।

*

"अब आ जा सूर्य देवता" मैं दहाड़ा,
"कही से, कभी भी,
मैं खडा तुझे मिटाने उन्मूल सा"।

*

ऐसा काँटा चुभा मेरे पांव तले,
काँटा था, उसी पेड़ बबूल का।

*

रक्तरंजित पांव पकड़कर मैं भागा,
ठोकर लगी तो गिरा नीचे,
हाथ पड़ा सहारा फूल का।

*

वह फूल था, गुलाब का,

वह भी, काँटों का दामन,

एहसास हुआ अपनी भूल का।

*

भाग फूटे - मेरे,

क्या बोया - क्या पाया,

जो बोया - वही पाया।

दंड मिला, मुझे मेरी भूल का।

*

सीख न पाया ,

पाठशाला से,

या गौशाला से,

*

मैं ढूंढ न सका,

छिपा खजाना।

पसीने मे,

*

दादा-दादी के,

माँ-बाप के,

खेत मे मिट्टी-मिट्टी जीने मे।

"[कापड़ी]"

11- हमारी बेटी

ये बेटी जब माँ-बाप को छोडकर जाती है।

आँखो का सारा पानी निचोड़कर जाती है।

*

पूरा नाम है, शादी हुई तो नाम धराई क्यों?

बेटा जितना अपना, बेटी उतनी पराई क्यों?

*

पैदा होते ही जहमत क्यो हो जाती है, बेटी?

अभिशाप के बोझ तले क्यो खो जाती है, बेटी?

*

शिक्षा के अवलोकन में कभी झुकी थी, बेटी।

परिवार का बंधन था, तो घर में ही रुकी थी, बेटी।

*

मुह फाड़ रहा दहेज, किसी को क्या पड़ी हैं?

बेटियों को देखो अब, बेटो से आगे खड़ी है।

*

हिंसा-घरेलू जाने कितनी चुपचाप सहती बेटियाँ।

हमारी प्रतिष्ठा का मान हमे दो, यही तो कहती बेटियाँ।

*

मिलकर करे संकल्प अब न रोएगी हमारी बेटी।

अभिमान से सर उठाकर जी सकेगी हमारी बेटी।

"[कापड़ी]"

12- तू अभी मरा नहीं

माना कि समय तेरे मुताबिक गुजरा नहीं।

इतना तो जान गया, तू अभी मरा नहीं।

भटक रहा क्यों? तू इधर-उधर!

तय तो कर ले, तुझे जाना किधर?

अबिरल होकर तू पीछे-2 जाना नहीं,

भीड़ में जा रहे सभी जिधर।

माना कि समय तेरे मुताबिक गुजरा नही।

इतना तो जान गया, तू अभी मरा नहीं।

*

करता रहेगा, जब तक अगर-मगर।

तो चलेगा कैसे कठिन डगर?

भीतर झाँक कर पहचान, खुद को,

तभी पहचाना जाएगा, तू नगर-नगर।

माना कि समय तेरे मुताबिक गुजरा नहीं।

इतना तो जान गया, तू अभी मरा नहीं।

*

तू तूफान का मुंह तोड़ दे।

अपने बल से दिशा मोड दे।

जहाँ-जहाँ से टूटा है, अब तक।

हौसले के धागे से, वहाँ-वहाँ से जोड़ दे।

माना कि समय तेरे मुताबिक गुजरा नहीं।

इतना तो जान गया, तू अभी मरा नहीं।

मेघ बना बूँद-बूँद उड़कर सागर से।

बादल बनते कहाँ है? कागर से।

कब तक चलेगा, यूं बैसाखी लेकर किसी की,

साहस तो कर, तू रुका क्यों, किसकी डर से?

माना कि समय तेरे मुताबिक गुजरा नहीं।

इतना तो जान गया, तू अभी मरा नहीं।

"[कापड़ी]"

13- इस एक जिंदगी मे सब कुछ पाओ

इंसान हो ना, खुद को, खुद पाओ।

इस एक जिंदगी में सब कुछ पाओ।

*

लक्ष्य तुम्हारा है, तुम्हे भेदना है।

तीर से, मछली की आँख छेदना है।

भारी कमान जितना हो, खुद उठाओ।

इस एक जिंदगी में सब कुछ पाओ।

*

आज, कल, परसो, ये इंतजार क्यों?

परिश्रम से प्रतिदिन इंकार क्यों?

भागते वक्त को पाँव तले बिल्कुल दबाओ।

इस एक जिंदगी में सब कुछ पाओ।

*

असंभव कुछ नहीं होता।

रोने से कुछ नहीं होता।

सपनो को हकीकत में खुद लाओ।

इस एक जिंदगी के सब कुछ पाओ।

*

कदम बहक जाये कभी, तो याद करो।

माँ-बाप और गुरु को याद करो।

अंतर हार-जीत का खुद को, खुद समझाओ।

इस एक जिंदगी में सब कुछ पाओ।

*

इंसान हो ना, खुद को, खुद पाओ।

इस एक जिंदगी मे सब कुछ पाओ।

"[कापडी]"

14- मनुष्य से मनुष्य जानूं

*

हजारो की संख्या-बल में,

लोग मिलते है, मुझे

जो अपरिचित है।

*

ये धरती है,

जो निस्वार्थ भाव से मेरा बोझ ढोती,

मानो युगों-युगों से परिचित है।

*

पहाडो, जंगलों, पेडों, वनस्पतियों को,

तितलियों, पक्षियों व जीव-जन्तु को देखता हूँ।

तो लगता है, स्वरचित है।

*

*

*

मैं अज्ञानी, बुद्धिहीन, अकुशल, मूढ व नासमझ हूँ।

क्योंकि, मैं इंसान हूँ।

सृष्टि मेरी समझ से कदाचित वंचित है।

*

पुरातन की दृष्टि से जब देखता हूँ।

पहुँच जाता हूँ, अंतिम निष्कर्ष में,

जहाँ मनुष्य से मनुष्य जानूं यही उचित है।

"[कापड़ी]"

15- पुकार बादलों को

जमीन कम थी, तो कुछ बीज पानी में बहा दिये।

दो खेतो में मैंने सारे फसल लहलहा दिये।

*

जमाना था, कि जमीन पानी में समा गया।

उत्तर कर चाँद आसमाँ से खेतो में आ गया।

*

जंग में जैसे रक्त का बूँद-बूँद उछल पड़ा।

तीर कमान से निकल पड़ा तो निकल पड़ा।

*

रोक कर वक्त को पूरे बरस मानसून किया।

दिसंबर को बदलकर जुलाई-जून किया।

*

पूछा, खुद के जिक्र में इशारा करके।

गुनाह किया जैसे खुद को कुंवारा करके।

*

वक्त की फेर में जोड़ दिया कि तोड दिया।

नदियों ने सहसा रूख अपना मोड दिया।

*

उजाड़ जमीन में फसलों ने उगना छोड़ दिया ।

लहरो ने, झरनो ने, मानो जैसे बहना छोड़ दिया।

*

तृष्णा है, जमीन तू खुद प्रकार बादलों को।

समाया था, खुद मे कभी तूने जलजलो को।

"[कापड़ी]"

16- क्या हुआ

*

प्रतिकूल वेग से थक कर,

चलते-चलते प्रगति राह में रुककर,

बाधा आ भी गई तो क्या हुआ?

*

महाशून्य से आगे बढकर,

किसी भी पाठशाला से पढ़कर,

कुछ छूट भी गया तो क्या हुआ?

*

कुछ. करने की ललक आए जब उठ कर,

मन भटक गया तब लक्ष्य से हट कर,

किनारे रख दिया चंचल मन को तो क्या हुआ?

*

सेवा भाव भरा हो रोम-रोम में,

निडर-अडिग सा जाग-सोत में,

कोई नहीं साथ खडा तो क्या हुआ?

*

भाग-दौड़ में कुछ दोस्त छूट गये।

किसी को भुला दिया, कुछ रूठ गये।

मुट्ठी भर दोस्त रह गये तो क्या हुआ?

"[कापड़ी]"

17- वो भी एक औरत थी

वो थी अहम में।

मैं था वहम में।

वो भी एक औरत थी।

*

वो करती रही तिरस्कार।

मैं होता रहा वफादार।

हाँ, वो भी एक औरत थी।

*

झूठा था, आलिंगन।

दृढ़ करता रहा मैं मन।

हाँ, वो भी एक औरत थी।

*

उसके अपने यार थे।

जो मेरी सोच के पार थे।

हाँ, वो भी एक औरत थी।

*

बेवफ़ाई मे भी वह मुजे वफ़ा नजर आयी।

मेरी मुस्कराहट पर वो खफा नजर आयी।

हाँ, वो भी एक औरत थी।

*

बदल कर ठिकाने, खूब सताया।

बच्चों ने खोया, माँ का साया।

हाँ, वो भी एक औरत थी।

*

किया औरत ने औरत का मुंह काला।

चीरकर अंधेरे को आया उजाला।

हाँ, बदल गई जो, वो भी एक औरत थी।

*

लिखना मेरा शायरी सब कुछ था।

उसके लिए तो, मैं ही सब कुछ था।

हाँ, वो भी एक औरत थी।

*

वो मेरे साथ थी, फिर भी मैं अकेला।

उसके साथ मेरा होना, लगता उसे मेला।

हाँ, वो भी एक औरत थी।

*

मै भूल गया था, राह।

पकड़ ली उसने बाँह।

हाँ, वो भी एक औरत थी।

*

मै पत्थर था, पिघलना सीख गया।

देखकर उसे, बदलना सीख गया।

हाँ, वो भी एक औरत थी।

*

नये लहजे में, शोहबत थी।

शर्त नही, बेवफा नहीं, मोहब्बत थी।

हाँ, वो भी एक औरत थी।

*

गुस्से मे वो रो देती थी।

फिर आंसुओं को धो देती थी।

हाँ, वो भी एक औरत थी।

*

जिम्मेदारी के बोझ तले थी।

तभी तो जागती भोर से पहले थी।

हाँ, वो भी एक औरत थी।

*

रोज घर से बाहर जवानी छोड़ आती थी।

सजने, सवरने की परेशानी छोड़ आती थी।

हाँ, वो भी एक औरत थी...."[कापड़ी]"

18- मैं आँसुओं से तेरी तस्वीर बना रहा हूँ

सबसे छुपा कर मैं तकदीर बना रहा हूँ।

मैं आँसुओं से तेरी तस्वीर बना रहा हूँ।

कि कोई तुम्हे देख ना पाए,

तेरी हिफाजत से कमान-ए-तीर बना रहा हूँ।

*

*

देकर गुलाबी हीरे की अंगूठी तुझे अमीर बना रहा हूँ,

तेरी जुल्फो में, गजरे से, फूलो का कश्मीर बना रहा हूँ,

कही कोई चुरा न ले तेरी खुशबू -

घेर कर बदन तेरा, गुलाब से जंजीर बना रहा हूँ।

*

*

मैं आँसू की हर बूंद से तेरा शरीर बना रहा हूँ,
लक्ष्मण रेखा जैसी एक मैं भी लकीर बना रहा हूँ।
बेफिक्र हो जा - तुझे दुआ देते हुये,
आँखो से अंधे दो बूढे फकीर बना रहा हूँ।

*

सबसे छुपा कर मैं तकदीर बना रहा हूँ।
मैं आँसुओं से तेरी तस्वीर बना रहा हूँ।

"[कापड़ी]"

19- मेरे सिर पर हाथ है, पिताजी का

*

मुफलिसी का वो दौर,

पिताजी का याद है, मुझे।

झुक जाना मेहनत की ओर,

पिताजी का याद है, मुझे।

*

खुद ही जोड़ा पहिया जीवन के रथ का।

लगाम खीचते रहे परवरिश की निरंतर।

होती रही विकट-बाधाए मगर-

जनून में फिर भी आया नही अन्तर।

*

*

यूं तो ढल रही है, उमर मेरी।

तुजुर्बे की बात करू तो मैं कंगाल रह गया।

मेरे सिर पर हाथ है, पिताजी का।

मैं अभी बच्चा हूँ. या बड़ा हूँ, ये सवाल रह गया।

"[कापड़ी]"

20- डॉक्टर और कवि

मैं जब था, बिमार,

सीधे गया डॉक्टर के पास,

जाँचा और परखा मुझे,

दिया दवाई कुछ ख़ास।

घर में आकर मेरी,

चली दवाई निरंतर,

दिन जब बीते कुछ,

आया नहीं स्वास्थ में अंतर।

*

मैं फिर गया अस्पताल,

भर्ती मुझे वहाँ किया।

ठीक तो क्या होता,

इंजेक्शन चुभा दिया।

अस्पताल नही,

समझो जेल वहाँ।

पूरे कम आधे ज्यादा,

जिंदा शमशान वहाँ ।

*

मेरे बगल में,

था, जो सोया,

तन तो था उधर

मगर था, कहीं खोया।

बन गया, हमसफर वह,

उसका था मैं साथी।

टूटे थे दोनो पैर उसके

बदमाशों के पड़े थे लाठी,

*

पता चला वह कवि था,

सुनाता नित्य नई कविता,

छुपा था, दर्द शब्दों मे उसके,

नही रहे उसके माता-पिता।

एक भ्रष्ट नेता पर,

लिखा था, उसने सच्चाई,

ईमानदारी की दी कीमत,

करके आपाहिज, किया भरपाई।

*

बीता सँग उसके,

एक माह मेरा,

मैं खुद जान न सका,

बीता वक्त कैसे मेरा।

डॉक्टर ने कहा जाने को,

हो गये तुम ठीक,

मगर छोड़ कर अकेले कवि को

आना मुझे लगा अजीब।

*

बिछडे जब दोनो

मैंने गले से लगाया।

रुके ना आंसू तो,

हंसने का उपक्रम जताया।

आते समय घर को अपने,

लगता जैसे कुछ भूल गया।

डॉक्टर से या उस कवि से,

जाने ठीक कैसे हो गया।

"[कापड़ी]"

21- माँ मन्दिर है, तो पिता मकान है

*

आजाद थी, जो कभी माँ-बाप की छाया में।

माँ बनते ही वो फस गई मोह माया में।

*

बच्चों के लिए खुद के अरमान दबा रखे है।

एक माँ है, जिसने सारे फर्ज निभा रखे है।

*

विकट हो बाधा चाहे, वो कुछ नहीं कहती।

झोक खुद को माँ है, जो सब सहती।

*

छोटा शिशु जो रो रहा निष्कारण।

निस्वार्थ भाव से उसका, माँ करती तारण।

*

माँ है, तो घर है, पिता चाहे कितना भी दूर है।

पिता है, तो माँ की बिंदी है, चूड़ी है, सिंदूर है।

*

पकड़कर उँगली जिसने चलना सिखाया।

माँ-बाप है, जिसने जिंदगी मे ढलना सिखाया।

*

माँ धरती है, तो पिता आसमान है।

माँ मन्दिर है, तो पिता मकान है।

*

सारे तीर्थ करा लो सब व्यर्थ है।

बच्चों के होते, जब माँ-बाप असमर्थ है।

"[कापड़ी]"

22- पलायन से पहाड़ अकेले है

पलायन से पहाड़,

अकेले है।

बचे है, जो दो-चार हाड़,

अकेले है।

*

छते संरक्षित थी।

स्वतः जो,

मगर सिरो के ऊपर नहीं।

बाट देखते-2 वह ढह गये।

रंगा जायेगा चुने से,

हर दिवाली में,

खामोश दीवारे आस में थी, मगर -

उत्तरी खाल सावन में और बह गये।

*

हैरान है कुछ गाँव,

सुनकर नाम अपना

विचित्र सा,

कह देते कुछ भी,

"भूतिया गाँव" नहीं मगर -

खेतो के झाड-झंखाड से,

आवाज आई।

"जोतने वाला हमें वो

हलिया कहाँ गया।

हम रह गये वर्षों से बंजर।"

*

ना हुक्का बचा।

ना उसे पीने वाला दादा।

शादी में बज रहे बैंड-बाजे,

ना ढोल, ना दमाऊं, ना मसक-बाजा।

*

पलायन से पहाड़,

अकेले है।

बचे है, जो दो-चार हाड़,

अकेले है।

*

बयार - हिमालय की,

फुहार - झरनों की,

स्वछ निर्मल, जल की कहानी।

जंगल, पेड़, बनस्पति,

तितलियां, जीव-जन्तु,

और मौसम की रवानी।

*

प्रकृति छोड़ दी केवल इंसान ने।

प्रकृति छोड़ दी केवल इंसान ने।

*

पलायन से पहाड़,

अकेले है।

बचे है, जो दो-चार हाड़,

अकेले है।

"[कापडी]"

23- मुझे कवि न कहो

मुझे कवि न कहो, निहारो कितना अकिंचन हूँ।

महाशून्य में अटका घनीभूत तपन हूँ।

*

उड तो सकता हूँ, प्राची से प्रायः,

प्रतीची में पहुँचने का लक्ष्य नहीं।

रहकर रसातल में मुझे सब देखना है।

नहीं जाना कहीं, रहना है केन्द्र में यही।

काव्य की पराकाष्ठा का मैं बचपन हूँ।

मुझे कवि न कहो, निहारो कितना अकिंचन हूँ।

*

दरबारी कवि बड़े-बड़े बैठे है,

फेसबुक, इंस्टाग्राम, यूट्यूब मे।

मैं जड़ या चेतन जो भी हूँ।

चौकीदार हूँ उस दरबार के ग्रुप में।

सोच रहा था, सब धरा के मकोड़े है, मैं गगन हूँ।

मुझे कवि न कहो, निहारो कितना अकिंचन हूँ।

*

महाशून्य में अटका घनीभूत तपन हूँ।

मुझे कवि न कहो, निहारो कितना अकिंचन हूँ।

"[कापड़ी]"

24- ख्वाबों की गुड़िया

आप ही मेरे

ख्वाबों की गुड़िया हो,

कोई और है नहीं।

बेवफ़ा आपकी

नजरे हैं,

मैं नहीं।

*

यूं ही मेरे

विश्वास पर

आपने शक कर लिया।

आपके सिवा

मेरे दिल मे

कोई तस्वीर नहीं।

*

ताज्जुब होता हैं,

आप मुझे

पहचान ना सकी।

कौन हूं मैं?

क्यों मैंने आपको छुआ?

आप जान ना सकी।

*

आपके खतों ने

मुझे

सब कुछ

समझा दिया।

जानता हूँ, आप गलत नहीं मगर-

वक्त और हालात ने

आपको ऐसा बना दिया।

*

देखना,

अगर दिल कहे तो-

नाता तोड़ लेना मुझसे।

मगर-

इतना बता देना,

खता क्या हुई मुझसे?

*

सच्चे दिल से

यदि आप मुझसे

प्रीत लगाओगी।

मै तो आपका हूँ, आपका रहूँगा,

आप खुद को कभी

खो ना सकोगी।

*

आपको पाना

एक ख्वाब हैं।

जैसे मैं होश मे हूँ,

सामने शराब हैं।

मत निकालो एक लफ्ज भी,

अपने लबों से।

पड़ लेता हूँ मैं खामोशी आपकी।

सीरत से, चेहरे से।

"[कापड़ी]"

25- मैं हिन्दी हूँ

*

मैं हिन्दी हूँ।

अखंड, अनंत हूँ, मैं शताब्दी के बाद फिर सदी हूँ।

मैं हिन्दी हूँ।....

*

कबीर के दोहे में हूँ।

रहीम के होने में हूँ।

सूर ने चाहा मुझे।

खुसरो ने कहा मुझे।

तुलसी के दोहे और छंदो में हूँ।

रसखान की भाषा और पदो में हूँ।

*

मैं हिन्दी हूँ।

अखंड, अनंत हूँ, मैं शताब्दी के बाद फिर सदी हूँ।

मैं हिन्दी हूँ।....

*

मैं महादेवी, निराला, दिनकर में हूँ।

परसाई, प्रेमचंद, जयशंकर में हूँ।

मैं बच्चन की मधुशाला में हूँ।

अज्ञेय की चिंता में हूँ।

मैं छंद, समास, अलंकार में हूँ।

व्यंजन, विषेशण, रस से हर रचनाकार में हूँ।

मैं गद्य में हूँ।

मैं पद्य में हूँ।

*

मैं हिन्दी हूँ।

अखंड, अनंत हूँ, मैं शताब्दी के बाद फिर सदी हूँ।

मैं हिन्दी हूँ।....

*

*

ऐ दुनिया वालों पहचानो, कौन हूँ मैं?

मेरे भारत के इंसानों जानो, कौन हूँ मैं?

चौदह सितम्बर एक दिन रख दिया।

मैं तो रोज हूँ, क्यों बाकी दिन ढक दिया?

*

मैं पुत्र हूँ, संस्कृत का।

मैं पौत्र हूँ, वैदिक संस्कृत का।

मैं केवल भाषा नहीं हूँ।

अपभ्रंश मे प्राकृत मिश्रित हिन्दी हूँ।

*

मैं हिन्दी हूँ।

अखंड, अनंत हूँ, मैं शताब्दी के बाद फिर सदी हूँ।

मैं हिन्दी हूँ।....

*

मेरा घर गुरुकुल हैं, विद्यालय है।

स्कूल नहीं।

मेरी मात्राएँ मेरी जिंदगी हैं।

अंग्रेजी का "पाँच स्वरों" वाला रूल नहीं।

*

गूंज बनकर विश्व मे तब होगी,

मेरी जय-जयकार।

होगा पद मेरा जब, राजभाषा से राष्ट्रभाषा,

स्वप्न होगा मेरा साकार।

*

मैं हिन्दी हूँ।

अखंड, अनंत हूँ, मैं शताब्दी के बाद फिर सदी हूँ।

मैं हिन्दी हूँ।

मैं हिन्दी हूँ।....

"[कापड़ी]"

26- नाम तो ले

वो कौन है? उसका नाम तो ले।

नहीं तो सिर अपने इल्जाम तो ले।

*

चाहे हो पक्ष में।

या विपक्ष में।

*

किसी सज़ा में जेल मे हो।

या फिर आजकल बेल में हो।

*

कहीं वो कोई अबला तो नहीं।

या मोहब्बत का सताया पगला तो नहीं।

*

पराजित हुआ हो, शायद तू उससे।

या बाहर की बात हो, तेरे बस से।

*

बंदिश क्या है? ये तो बता।

इशारों-इशारों में कुछ तो जता।

*

तूने होठ अपने सिल क्यों दिये?

कुछ पूछा था, मुड़कर चल क्यों दिये?

*

वो कौन है? उसका नाम तो ले।

नहीं तो सिर अपने इल्जाम तो ले।

"[कापड़ी]"

27- मेरी पत्नी की शिकायत

रात को भी देखा है मैंने, तुम सोते कहाँ हो?

तुम घर में होते हो, मगर होते कहाँ हो?

*

छोड़कर हमें

खामोश दीवारों से

बाते करते हो।

बताते हो तुम जितना

उतना तुम मुझसे

डरते कहाँ हो?

मैं रो जाऊँ चाहे जितना, तुम रोते कहाँ हो?

तुम घर में होते हो, मगर होते कहाँ हो?

*

खाना परोस कर

इंतजार करती हूँ।

देकर आवाजे थक जाती हूँ।

किसी दिन खुद को बता दो मुझे।

ढूँढ सकूँ तुम्हे वो पता दो मुझे।

जाओ जहाँ जाना है, जाओ मगर-

मेरी अंतिम शिकायत बस यही रहेगी

कि तुम वक्त से कभी, आते कहाँ हो?

तुम घर में होते हो, मगर होते कहाँ हो?

*

रात को भी देखा है मैंने, तुम सोते कहाँ हो?

तुम घर में होते हो, मगर होते कहाँ हो?

"[कापड़ी]"

28- शिक्षा दान करेंगे

जेब जो आपकी शायद भरी भी हो।

पैसा जमा आपका चाहे कहीं भी हो।

*

*

पल भर में खाली न हो जाए,

डर है, कि चोरी न हो जाए।

*

*

शिक्षा मुक्त है, चोरी हो नहीं सकता।

शब्दों का धनी कभी रो नहीं सकता।

*

*

विद्या पाना इतना आसान भी नहीं,

मगर अनपढ का फिर नाम भी नहीं।

*

*

आओ करे संकल्प, शिक्षा दान करेंगे।

हम दुनिया में भारत का अभिमान करेंगे।

"[कापड़ी]"

29- इजराइल जैसा बनना होगा

किसान का मैं बेटा हूँ।

धरती पर मैं लेटा हूँ।

चमक रहे कुछ शोहरत से।

देख रहे फिर नफ़रत से।

मुझको यह सब लिखना होगा।

अंतर्मन से कहना होगा।

*

कब तक बारूद की आग में जलना होगा।

भारत को इजराइल जैसा बनना होगा।

मर्यादा को लांघ रहे है।

माटी हमसे माँग रहे है।

लाल किला भी लाल-लाल देख रहा।

उड़ते लहू का जाल देख रहा।

*

आस्तीन के सांप छुपे कहाँ है?

ढूंढो मंदिर, मस्जिद, घर-द्वार जहाँ है।

हमको अब बदलना होगा।

रण की ओर निकलना होगा।

विश्वास अटल अब ऐसा लाओ।

पहले जयचंदों को चुन-चुन मारो।

*

तिनके जैसा दुश्मन है, रो जाएगा।

दुनिया के नक्शे से खो जाएगा।

-- कापड़ी

30- खुल गए मरम सभी

झूठ के अखबार से,

डर के बाजार से,

लुट गए भंडार सभी गाफिल की मार से,

और हम राह मे खड़े-खड़े "आह" लादते रहे।

खुल गए मरम सभी, अफवाह लादते रहे।

*

प्राण-प्राण से मिले ही थे कि प्राण रुक गए,

पलके उठी ही थी की रोशनी से झुक गए,

चली हवा दीप जले-दीप जले, चली हवा तो बुझ गए,

जगे-जगे, रैन-रैन, - भोर-भोर नींद से उलझ गए,

भीड़ मे हम दबे,

सोच रहे कम दबे,

साथ मीत भी खड़े, मौन-मौन सब लड़े,

और हम पड़े-पड़े,

स्वप्न लिए बड़े-बड़े,

थाम-थाम डगर को, चाह लादते रहे।

खुल गए मरम सभी, अफवाह लादते रहे।

*

झूठ का दरबार है, या लूट का प्रहार हैं,

जीत का खुमार हैं, या धूल का गुबार हैं,

चली मगर लहर ये, प्रेम का दरबार हैं,

हजार बेकरार आज हैं, कल का करार हैं।

उड़ा-उड़ा पवन कि-

चमन खिला-खिला,

सीख ली मगर कला, प्यार-प्यार मे चला,

और हम जगे-जगे,

धूप मे पके-पके,

बोझ लिए वेदना का, परवाह लादते रहे।

खुल गए मरम सभी, अफवाह लादते रहे।

*

काँप-काँप वो चला जो नवाब था,

साथ-साथ वो चला, कभी जो ख्वाब था,

फूल-फूल झर गए, हाँ मगर गुलाब था,

मर रहे थे त्रास से, सामने सवाल था।

जिधर-जिधर चले हम,

उधर-उधर तिमिर सा,

भीतर से अधीर सा, बाहर से शिशिर सा,

और हम घूम रहे चक्र-चक्र,

थे रहे, सोच जिसे काल-चक्र,

थी साठगाँठ, वकील-वकील मे, गवाह लादते रहे।

खुल गए मरम सभी, अफवाह लादते रहे।

*

कभी छल, कभी बल, ये राज है क्या राम का?

मन उधर तो तन इधर, इंसान ये किस काम का?

शोध हो रहा युद्ध का, सुध नहीं अंजाम का,

श्रेष्ठ हैं ये सृष्टि, इंसान हैं बस नाम का।

और हम बरस-बरस,

दबा-दबा चाह को,

जी रहे गुनाह को, मान-मान सलाह को,

बोल रहे हम जिन्हे,

थाम लो, प्यार के रिश्ते,

उठा मूँछ को, साथ के जात मे, ब्याह लादते रहे।

खुल गए मरम सभी, अफवाह लादते रहे।

-- जगदीश चन्द्र कापड़ी

3. शायरी

स्याही मे आग

30-हाथ ही हथोड़ा

31-खाना कम दवा ज्यादा

32-मैं जेल वार्डेन हूँ

33-बराबर कर दे

34-जाना नहीं चाहता

35-हकीकत

36-आजकल नहीं जाता

37-योद्धा

38-बातों-बात

39-सफर हवा मे

40-हर आँगन मे

*

*

1- (राम-राम जप ले)

राम-राम जप ले मगर तू, ज़िक्र न कर,

राम जी साथ है तो तू, फिक्र न कर।

*

उत्सव, महोत्सव कर, कर ले भजन,

राम को मगर भीतर खोज, तू जिद न कर।

*

पृथक रंगे रंग चेहरे के श्री राम जी ने,

अब रंग मत भर, तू चित्र न कर।

*

यज्ञ, महायज्ञ कर, कर ले हवन,

तू भक्ति कर तू खातिर न कर।

*

अता सबका, सबका पता श्री राम को

नयन बंद कर तू जाहिर न कर।

*

मंदिर के देहरी मे सिर झुका ले तू,

ज्ञान से भर ले मन, भ्रम का ब्यापार न कर।

*

राम-राम जप ले मन को निर्मल कर।

रंग-रूप, काले-गौरे का तू जिक्र न कर।

*

प्रेम से बोल तू, "जय सिया राम"

दिल को यूँ पत्थर न कर।

*

राम-राम जप ले मगर तू, ज़िक्र न कर,

राम जी साथ है तो तू, फिक्र न कर।

"[कापड़ी]"

*

2- (तुम पूछते हो)

हम हाथो से रेत को खीचकर साहिल बनाते है।

थोडा सा डूब क्या गये? समुंदर को कातिल बनाते हैं।

*

तुम पूछते हो - यह धुंधला क्या है?

अब हम आँखो के पानी को बादल बनाते है।

*

इन दियों को रोशन होने दो जी भर के।

यह पूरी रात जलते है, तब काजल बनाते है।

*

दुनिया की मासूम बातो मे बिल्कुल मत आना।

ये दुनिया वाले समझदार है, पागल बनाते है।

"[कापड़ी]"

*

3- (एक विधवा की कहानी उसी की जुबानी)

मेरे सारे ख़्वाबों को बहाना मिल गया उदास होने का।

भेडिए तलाश रहे मौका मेरा बेलिबास होने का।

*

कैद रखती हूँ, खुद को शहर के इस मकान में।

मनचले फायदा उठा रहे मेरा घर पास होने का।

*

बात जिस्म की नहीं, मुझे उनके दिल तक जाना था।

लंबी दूरी थी, पता न था, मंजिल मे सफेद लिबास होने का।

*

सास-ससुर के चेहरे देखूं या फिर बच्चों के।

निशान साफ नजर आता है, उनके पास होने का।

*

मेरे माँ-बाप बुलाते है, अक्सर, मुझे अपने पास मगर-

खुद को कारण कैसे बनाऊं उनका उदास होने का।

*

लेकर आँखों मे दर्द, होंठों मे हँसी रखती हूँ।

बस यही एक कारण हैं, मेरा चुपचाप होने का।

*

भारी दुख हैं जिसे बेटे के खोने का, वही माँ,

शत-प्रतिशत फर्ज निभा रही अपने सास होने का।

*

एक विधवा से "जग" ने सुनी उसी की जुबानी।

मिजाज याद आता हैं, उनका देवदास होने का।

"[कापड़ी]"

*

*

*

*

*

4- (राज अगर कुछ है)

राज अगर कुछ है, तो उसे राज रहने दो,

कल की फिक्र छोडो, आज को आज रहने दो।

*

जिंदादिली से जियो हर दिन-हर पल,

जो चाहो करो, फजूल कामकाज रहने दो।

*

दवाई थोड़ी महंगी क्या हुई, बहु ने बटे से कहा-

"तुम्हारे बाप कि दवा और इलाज रहने दो।"

*

बाँसुरी, सिंदूर, होली, दिवाली सब यहीं है,

ये भरत का भारत है, इसका ये अंदाज रहने दो।

*

प्रार्थना, पूजा, दुआ, याचना, नमाज रहने दो।

तुमसे कुछ नही होता तो समाज को समाज रहने दो। "[कापड़ी]"

5- (पलायन मगर मजबूरी)

हम अपने हाथों से बचपन के सपने बहा के लौट आए,

खुद पलायन होकर झूठी कहानी सुना के लौट आए।

*

सुख भोगने शहर क्या आए, शांति छोड आए,

तरक्की का तूफान आया हम नींद उड़ा के लौट आए।

*

बीच में गये थे, हम अपने पहाड़, घूमने,

लदे थे, जो फलो से वह पेड, हिला के लौट आए।

*

कभी जिस मिट्टी में सोना उगायेंगे सोचते थे,

हम उसी जमीन पे ठोकर लगा के लौट आए।

*

जमीन नहीं तो गमले मे पेड़ लगा दिया हमने यहाँ।

वहाँ हम अपने खेत, अपने जंगल, लूटा के लौट आए।

*

इतने अकेले हो गये हम, इतनी भीड़ में भी यहाँ,

गाँव की पंचायत को, अदालत पहूँचा के लौट आए।

*

छोड़कर पहाड़ कही जाना नहीं चाहते हमारे माँ-बाप,

जो थे, घर के मुखिया उनको, वही रूला के लौट आए।

*

जो महफिल कभी देखा नही अब हम उसमें शामिल हैं,

हम अपने रीति-रिवाज, त्यौहार भुला के लौट आए।

*

पलायन खुद को किया मगर, मजबूरी थी जनाब,

तस्वीर बच्चों के भविष्य की, सजा के लौट आए।

"[कापड़ी]"

*

*

6- (तू सब भूल गया)

कौन सी सजा मिल रही मुझे बेकसूर हो के।

तूने बुलाया भी तो यार, मजबूर हो के।

*

मैंने रखी थी, पहली ईट तेरे इमारत की।

यार तू सब भूल गया, मशहूर हो के।

*

भीड़ मे भी तन्हा था तेरे होते हुए भी।

क्या मिला आखिर तुझे, इतना मगरूर हो के।

*

आजकल चर्चे बहुत है, तेरे शहर में।

चलो तू खुश तो हैं, मुझसे बहुत दूर हो को।

*

कल ही मैने देखा तुझे अपने ख्वाब में।

दर-2 तू उधार मांग रहा था, मजबूर हो के।

*

तू रात-दिन रहता है, कोट, पेंट, टाई में।

मैं तो कही भी निकल जाता हूँ, बेशऊर हो के।

*

मैं अचानक तेरे महफिल मे क्या आया।

तूने देखा भी तो यार, बड़ा क्रूर हो के।

*

मत जला कर नफरत की आग मे यूँ, वरना-

रिश्तों की इमारत गिरती हैं, चकनाचूर हो के।

"[कापड़ी]"

*

*

*

*

*

7- (मिलना है, तो आ धारचूला)

मेरे आँगन में झूला हैं, आ झुला मुझे,

मिलना है, तो आ धारचूला मुझे।

*

सुना है, दहकते बहुत हो तुम,

है इतनी आग तो आ-जला मुझे।

*

यह मोम के कपड़े पहने है, आज मैंने,

है दम, तो आ-गला मुझे।

*

यह पलके आँखो की मेरी खुली रह गयी,

बरसो से जागा हूँ, अब आ सुला मुझे।

*

यह जिद है तुम्हारी, कि याद नहीं करेंगे,

अरे याद करने से पहले भुला मुझे। "[कापड़ी]"

8- (खारे पानी)

मैं धो रहा हूँ, आँसुओ को खारे पानी से,

फेर में हूँ, कि हिज्र चुरा न ले कोई मेरे कहानी से।

*

अब चाहे जिद में आ जाए फिर से मेरा अतीत,

तुम्हे हूँ-ब-हूँ वापस कहाँ से लाऊ मेरे जवानी से।

*

बुरी आदत है, मुझे जख्म को कुरेदने की,

मैं जोड़ता हूँ, किस्से अक्सर नई हटा के, पुरानी से।

*

छोड दिया इस बार, तो मत डूब जाना जश्न में,

मै तेरी नाव डुबा भी सकता हूँ, नदी किनारे पानी से।

"[कापड़ी]"

*

*

9- (लाल साड़ी)

लाल साड़ी में जब से तुमने दिखना ही छोड़ दिया,

किसी भी रंग ने मेरे कपड़ो में टिकना ही छोड़ दिया।

*

वजह जो तुमने बताई, वो वाजिब न थी,

तब से मैंने कविता लिखना ही छोड़ दिया।

*

रोज बाजार जाता हूँ, बेचैन होकर चेहरे देखने,

तुम्हारी परछाई ने आस-पास दिखना ही छोड़ दिया।

*

ऐसी बेकद्री हुई शब्दों की, जब से तुम गई हो,

तब से मेरी कबिता ने बिकना ही छोड़ दिया।

"[कापड़ी]"

*

*

10- (इंसान मे देवता)

जादू-टोना, चालाकी सारी कर लो, झेलना आता है,

कभी संग चलो पहाड़, हम इंसानो में भी देवता आता है।

*

सीधे, सरल हम पहाड़ियों ने रास्ते टेडे-मेढ़े देखे बहुत,

तुम झूठ शानदार चाहे बोलो, हमें चेहरा पकड़ना आता है।

*

रोग, क्लेश, प्रेत-बाधा का कारोबार फैला है, यहाँ,

मेरा वहम ये था, कि मेरे गाँव को चलना आता है।

*

बटोर रहा हूँ रिश्ते जिसके लिए, उसका हूनर देखो,

मेरी एक ही जमीन को उसे बार-2 बेचना आता है।

*

हवा बदली है, नहीं बदला तो सूरज, सितारे, मेहताब,

ये शहर हैं, यहाँ सबको नकाब पहनना आता है। "[कापड़ी]"

11- (मुखर बनना पड़ा)

जो मिले थे, चुप रहे, मुझे कहना पड़ा,

बहरो का इलाका था, मुझे सुनना पड़ा।

*

दौड़ा तो टांग खीच दी, मुझे गिरना पड़ा,

आगे बढ़ना था, तो मुझे उठना पड़ा।

*

भ्रष्ट होने की कला सीखी नहीं मैंने,

मुझे तौर-तरीकों से लड़ना पड़ा।

*

मेरे ईमान को कायरता कहा जिसने,

उसको मेरे विचारधारा से डरना पड़ा।

*

हाथ में नोट सरकते थे, हाथ मिलाने से

वो खरीता भर रहे, मेरे जमीर को उड़ना पड़ा।

*

अनजान खड़ा था, मगर था मेरी नजर में,
मुझे अंदर तक जाना था, सहन करना पड़ा।

*

वह कश्ती बहा रहे थे, जिस ओर,
मुझे भी उसी तरफ बहना पड़ा।

*

चाक कैसी है, कुम्हार की, मैं जानता कैसे?
उसी सांचे में कुछ दिन मुझे ढलना पड़ा।

*

मैं मसीहा था, दुनिया के लिए,
निष्पाप होकर सूली पर चढ़ना पड़ा।

*

जहाँ नही थी, ईमान की कोई परिभाषा,
उसी कंटको की डाल पर खिलना पड़ा।

मैं जब हरित शाख का शोभा बना,

भ्रष्ट पीले पत्तों को स्वतः झड़ना पड़ा।

*

पेचीदा बना बदलना पुराना इतिहास,

एक नया इतिहास खुद रचना पड़ा।

*

लिबास पहना था, जिसने ईमानदारी का

मेरे आत्मसम्मान के आगे उसे झुकना पड़ा।

*

अब तो मान चुके थे, मसीहा मुझे,

एकरुखा साजिश हुई, मुझे मरना पड़ा।

*

मौन रहो या पद छोड़ो आदेश हुआ,

त्याग दिया मौन को, मुखर बनना पड़ा।

"[कापड़ी]"

12- (गुलदस्ता)

इंतजाम पीढ़ी-दर-पीढ़ी पुख्ता बनाते हैं,

कल का पता नहीं, आज युक्ता बनाते हैं।

*

बेचने वाले पीस-पीस कर खुश्बू बेचते हैं,

हम उन्ही फूलों से गुलदस्ता बनाते हैं।

*

गुलजार चाहे कर दो इन्हें घेर कर गुल से,

ये इंसान जिद्दी है, कही न कहीं से रास्ता बनाते है।

*

किस काम का है, सूरज जो अंधेरे मे छुपा है,

जुगनुवों को देखो, ये रात को नया उजाला बनाते है।

"[कापड़ी]"

13- (रिश्वत कहाँ देना हैं)

बता ऐसी रिश्वत कहाँ देना है, यार,

ना आए तेरा ख्याल दिल में बार-बार।

*

उठता-गिरता है, मेरे अंदर ज्वार-भाटा,

कैसे तू शांत समंदर है, लगातार?

*

जानता हूँ मैं, बातें तेरी चाँद से होती है।

मेरा भी अमावस को जुगनू करते हैं, दीदार।

*

हुनर ऐसा सीख जाऊँ, कि खुद को प्यार कर लू,

हर मोड पर, तेरे जैसे करेंगे इंतजार।

"[कापड़ी]"

14- (इंद्रजाल)

मांत्रिक जो इंद्रजाल जानू, मैं ऐसा जादूगर तो नहीं।

मारू, फिर जिंदा करूँ, मैं ऐसा कारीगर तो नहीं।

*

इस गर्मी-सर्दी से छुटकारा कैसे मिलेगा मेरे मालिक।

पूरे बरस कहाँ एक मौसम होगा, अक्टूबर तो नहीं।

*

मेरा खत उसे मिल गया ये कमाल है, उसका।

मैंने उसे भेजा नहीं, डाकिया कबूतर तो नहीं।

*

चोट गहरी खा ली बेशरम ने वापस जाता ही नहीं।

जो हार कर भी जीत जाए कहीं बाजीगर तो नहीं।

"[कापड़ी]"

15- (कतार मे मिलकर)

बीच शहर बैठे है, धरना देकर, जुगनू सारे मिलकर।

यह मेहताब आता क्यो है? अँधेरे से निकलकर।

*

बारिश नही करूँगा, एक अकेला मेघ जिद में अड़ा।

सारे बादल किनारे हो गये उससे छिटककर।

*

अंजान परिदे रोज जा रहे है, खेत में चुगने,

मजबूर थे जाएंगे कहाँ? गिद्ध की नजरों से बचकर।

*

दीवारे ऊंची बहुत थी, कि कोई न जाए उस पार मुखबिर।

शक है, खबर उस पार गई होगी हवा के साथ में उड़कर।

*

मत छेड़ो इन चीटीयों को जो जा रहे एक कतार में।

पूरे जीवन सोते नहीं ये, अनाज पूरा भरते मिलकर।

*

बड़ी उलझन में हूँ, अपने यहाँ महफ़िल क्या जमाया?

एक मेहमान कहता है, "कौन है तू?" मुझे पकड़कर।

*

यही एक चिंगारी काफी थी महफ़िल मे।

बोल उठे झूठे भी सच, मुझसे पिघलकर।

*

हुजूम निकल पड़ा भीड़ मे दर्द का।

भागा झूठ भी, सच के साथ निकलकर।

"[कापड़ी]"

*

*

*

*

*

16- (माँ के कदम)

सोचा रावण हैं, फ़कत चेहरे में, मैंने देखा क्यों नहीं?

दरार कितने थे आईने में, मैंने देखा क्यो नहीं?

*

चंद रोज में देखा, तो सूख गया सदाबहार का पौधा।

पानी रूका था, मलाल है गमले में मैंने देखा को नहीं?

*

अंधेरे मे ही जाने लगा तो दिवार से टकराया।

रोशनी जलाकर, कमरे में मैंने देखा क्यों नहीं?

*

माँ के कदम पडे नहीं कि घर रोशन हो गया।

कितनी चमक हैं ममता की चेहरे मे, मैंने देखा क्यो नहीं?

*

क्या खूब मंजर होता "जगदीश" गर किस्मत पे न रोता।

कितना हुनर हैं अपने मे, मैंने देखा क्यों नहीं? "[कापड़ी]"

17- (वही रहने दो)

दर्द नहीं होता मुझे, दुनिया सारी सहे तो सहने दो।

मैं रोऊँगा नहीं अब आँसू बहे, तो बहने दो।

*

हँसते-हँसते लुटाया मैंने मेहनत की पाई-पाई।

लापरवाह अब हुआ, कोई कुछ कहे, तो कहने दो।

*

विदेश में है, एक मुद्दत से जिन्हें सहारा समझा था।

बुलाने से आते नहीं वो, वही रहे, तो रहने दो।

*

खुद उठाकर ले जाऊँगा अपनी लाश, शमशान मे।

भस्म करूंगा चिता, कोई उसमे दहे, तो दहने दो।

"[कापड़ी]"

18- (बुलंद कहानी)

मेरे लहजे में छुपी मेरी बुलंद कहानी है।

तुमने जो सुनी भी नहीं वह बात बतानी है।

*

रंग कौन सा पसंद है, मुझे, क्यों पूछते हो?

जानते सारे, शायराना अंदाज मेरा आसमानी है।

*

तुम समझो या ना समझो ये तुम्हारी परेशानी हैं।

हर खामोशी की मेरी एक दास्ताँ पुरानी हैं।

*

थोड़ा तबीयत से सन्नाटे को सुनो यारों।

चुप रह कर ही मैंने हर बात सुनानी हैं।

"[कापड़ी]"

19- (टूटता तारा)

ख्वाहिश माँगों तो मना करता है, यह टूटता तारा।

कब से आसमाँ में है, बच्चा थोड़ी है यह रूठता तारा।

*

अच्छा होता की दुआए यही जुगनू से माँग लेता।

ये तारा दूर इतना है, कि माँगों तो चूकता तारा।

*

कौन सा गुनाह किया था, एक दुआँ तो माँगी थी।

मैं उसकी तरफ, वो मेरी तरफ घूमता तारा।

*

आसमाँ में क्या हो रहा है, ये खबर तुझे देगा कौन?

"जगदीश" यही धरा में क्यों नहीं खोजता पूजता तारा?

"[कापड़ी]"

20- (तूफान को कह दो)

तूफान को कह दो कि तेरा जोर निकल गया।

जो गिरा था, वह भी खड़ा हैं, तेरे हाथ से फिसल गया।

*

मत करो जलील किसी को आसमान दिखाकर।

चक्र घूम गया तो फिर पता नहीं, कब बल गया।

*

संबंध रामायण का महाभारत से पढ़ो, फिर सीखो।

मौसम रिश्ते का कलयुग में कितना बदल गया।

*

कृष्ण भी सही थे और अर्जुन भी सही था, मगर-

योद्धा के भीतर इंसान था, मन बदल गया।

*

कहाँ आसान था युद्ध महाभारत, अर्जुन के लिए,

सामने ही गुरु, परिवार, तो कोई दोस्त निकल गया। "[कापड़ी]"

21- (मेरी इजाज़त)

ये जो रोज मेरी आदत है।

यही तो मेरी इबादत है।

*

जब-जब हारा जिंदगी में,

शत-प्रतिशत वही मेरी ताकत है।

*

गम में डूबा तो खुशी से पागल हूँ।

कुछ मेरी नफरत, कुछ मेरी चाहत है।

*

मेरा दिल किसी की बात नहीं मानता।

कुछ मत कहो, उसे मेरी इजाज़त है।

"[कापड़ी]"

22- (माँ)

माँ की दुआ पूछते हो कि कब आती हैं, कब जाती हैं।

वो तो एक माँ हैं, जो मर-खप जाती हैं।

*

लिखने बैठता हूँ, माँ के ऊपर तो, मेरी कलम,

माँ के ममता के बोझ तले दब जाती है।

*

कर्ज़ माँ का अदा करने की मेरी हैसियत नहीं।

खिलाकर पूरा कुटुम्ब माँ खाने तब जाती है।

*

मेरी खिदमत में लुटा दी पूरी जवानी मेरी माँ ने

बाहर कमाने जाने से मना किया, बोली सब जाती है।

*

मैं मुकम्मल हूँ, फिर भी माँ खेतों मे जाती है।

कहते हैं लोग मुझे, तेरी माँ क्यों बेसबब जाती हैं?

*

भूल जाता हूँ, अक्सर हवा में प्रतिशत मात्रा गैसों की तब,

माँ के आचल की खुशबू मेरे सपने से होकर जब जाती है।

*

दर्द होता हैं, बीस हड्डियों के टूटने के बराबर,

प्रसव पीड़ा से एक माँ, गुजरकर जब जाती हैं।

*

जिम्मेदारी क्या आई छोड़ दिया माँ को सौ बार।

मुझे याद नहीं कि माँ मुझे छोडकर कब जाती है।

"[कापड़ी]"

*

*

*

*

*

23- (जनवरी से दिसंबर)

तूफ़ान टकराया धरा से तो सुनामी भयंकर हो जाती है।

गर्मी व दबाव से शिलाएँ भी संगमरमर हो जाती है।

*

जब तक छत है, दीवारों को गुरूर है, खुद पर,

छत गिरी तो दीवारे खंडहर हो जाती है।

*

एक सुहागन से मैंने पूछा, "तुम माँग क्यो नहीं भरती?"

वह बोली- "मुझसे यह गलती जानबूझकर हो जाती है।"

*

बाई बनकर रहती है, अपने ही घर में हर माँ।

नहीं मिलता इतवार, चाहे जनवरी से दिसंबर हो जाती हैं।

"[कापड़ी]"

*

24- (ये सवाल थोड़ी है)

सरकारी है, नौकरी तो प्राइवेट का मलाल थोड़ी है।

शादी करना है, तो करो लड़कियों का अकाल थोड़ी है।

*

वो कहता है, बार-बार मगर आता नहीं मेरे घर,

खातिरदारी पूरी करेंगे, यार कंगाल थोड़ी है।

*

तू जुर्म करता रहेगा और बचता रहेगा।

हर नुक्कड़ में बैठा तेरा कोतवाल थोड़ी है।

*

"तुम भारत को माँ क्यों कहते हो?" पूछा उसने,

मैं जबाब क्यों देता, यार ये सवाल थोड़ी है।

"[कापड़ी]"

25- (तलाश मरने की)

चिंता कभी गैर की दिक्कतो का करो।

जिंदा हो, तो तलाश मरने की ताकतो का करो।

*

रिश्ते व जमीन का कभी मत करो।

बँटवारा मिलकर मुसीबतो का करो।

*

खाना कूड़े में डालने से पहले,

अपना रूख जरा खेतो का करो।

*

पतझड़, धूप से नहीं बचायेगी तुम्हे,

शुक्रिया, नए पत्तो का करो।

*

सुनो, सोने के दुकानो में जाने वालो।

ध्यान कभी झोपड़ी की छतो का करो। "[कापड़ी]"

26- (ताकत नज़र में नहीं है)

ये नयी भाषा के लहजे मे नजाकत नज़र में नहीं है।

जिस्म बना लिया मशीनों से, ताकत नज़र में नहीं है।

*

तू आया तो है, मगर जान ले, वापस जाने के लिए,

जोर लगा ले पूरा, इजाज़त नज़र में नहीं है।

*

मेरी ख्वाहिश है, कि पुराने लोग हो नए ज़माने में,

यकीन करू किस पर, वो शराफत नज़र में नहीं है।

*

न्याय मांगने गया, अपना कातिल खुद पकडकर,

कटघरे में मुझे किया, सच्ची अदालत नज़र में नहीं है।

*

प्यार के सफर मे - नजर मे हूँ हमसफ़र के।

मेरी मोहब्बत, मेरी चाहत नज़र में नहीं है। "[कापड़ी]"

27- (तू कलाकार हैं)

मै खुद को बोलता हूँ- "तू बेकार है।"

कुछ लोग है, जो कहते हैं- "तू कलाकार हैं।"

*

जब भी शोहरते बुलाती है, मुझे आसमान छूने,

जमीन छोड़ नहीं पाता, बताना उसे मेरा इंकार है।

*

ये रोशनी, परछाई से मुझे जुदा नहीं होने देती,

अंधेरा बताता है, तिमिर का भी आकार है।

*

मैं रईस नहीं हो पाया ये सच है, यार

फकीरी जताती है, यही मेरे अंत की पुकार है।

"[कापड़ी]"

*

28- (बता तो सही)

जो कुछ दिल में है, जुबाँ से बता तो सही।

या मिलकर कभी इशारों से जता तो सही।

*

मैं छुपाकर रखूंगा सारे राज तेरे,

एक-एक राज मुझे बता तो सही।

*

मैं उत्तर हूँ, तू प्रश्न है, तेरी किताब का,

तेरा गम भी मेरा है, ये जता तो सही।

*

ये मोहब्बत भी अजीब खेल हैं "जगदीश"।

खामोश हैं एक मुद्दत से तू, मुस्करा तो सही।

"[कापड़ी]"

*

29- (शायरी छुपा के रख)

तुझे रोना नहीं आता, मगर अपनी हँसी छुपा के रख।

तू सही, गलत जो कुछ है, मगर सही छुपा के रख।

*

शब्दों के बाजार में आजकल उछाल बहुत है।

कीमत तेरी कम होगी, अपनी डायरी छुपा के रख।

*

कुछ नए शायर आए हैं, चोट खाकर आशिकी में,

लिखावट चोरी होगी, तू अपनी शायरी छुपा के रख।

*

लाद कर बदन में इतना सोना आ तो गया तू यहाँ,

बाहर लुटेरों की मंडी हैं, यहीं छुपा के रख।

"[कापड़ी]"

*

30- (हाथ ही हथौडा)

गुजरा वक्त है, मोड़ कर कैसे लाऊ?

फिर से वही कहानी तोड़ कर कैसे लाऊ?

*

हँसी आती है, अपनी ही अदाकारी पे,

बचपन की यादें, जोड़ कर कैसे लाऊ?

*

बादल लेकर आओ कहते है, मेरे अपने।

पंख नहीं है मेरे पास, उड़कर कैसे लाऊँ?

*

फकीर थे, जिनके लिए मैं लड़ता रहा।

रूखी थी आँखे, निचोड़कर कैसे लाऊँ?

*

पत्थर को काटकर "जगदीश" नदी बनाई।

जब हाथ ही हथौडा है, तो पकड़कर कैसे लाऊँ? "[कापड़ी]"

31- (खाना कम, दवा ज्यादा)

रोज तू अपने मकान का किराया चुकाता है।

ठिकाना नहीं, जहाँ तू मिल्कियत बचाता है।

*

जुगनू को अलट-पलट कर जरा देख ले।

ये अक्सर दिन में रोशनी कहाँ छुपाता है।

*

बदल कर तेरा नाम फूल क्या रखा?

तू खुशबू बिखेरकर शोर मचाता है।

*

ये शहर महफूज भी है, खुश भी है। मगर -

सरफिरा शौक कानून को आँख दिखाता है।

*

तेरी जिंदगी ऐसे मोड़ पर है, "जगदीश"

खाना कम, तू दवा ज्यादा खाता है। "[कापड़ी]"

32- (मैं जेल वॉर्डन हूँ)

जब मैं खो जाऊँगा, सफेदपोश रहेगा मौन।

मुझे याद कौन करेगा, मुखर बनेगा कौन?

*

प्रहरी हूँ, मैं जेल का, सूरज भी है, यहाँ मेहताब भी है।

मैं खुद नहीं बताऊंगा, तो बताएगा कौन?

*

आजादी बंद है, जेल की दीवारो में गुनाह की।

मैं खडा हूँ, देखता हूँ, यहाँ से भागेगा कौन?

*

शांति भंग हो जाती है, बंदियों की अक्सर!

सिवाय मेरे ऐसे क्रोध, प्रबल को संभालेगा कौन?

*

टावर में हूँ, कमान में हूँ, हथियार लेकर गेट में हूँ।

सिवाय मेरे जेल मे बंदियों की तलाशी करेगा कौन?

कहानी अपनी सुना रहा हूँ, कविता की जुबानी।

मैं पिघल नही सकता, मुझे यार रुलाएगा कौन?

*

आदत पड चुकी है, मुझे इस "रवानगी" की।

मुझे "आमद" के नाम से डराएगा कौन?

*

फेहरिस्त चिपकी है, मेर चेहरे में वेतन विसंगति की,

मैं जेल वॉर्डन हूँ, यार मुझे पहचानेगा कौन?

*

नींद में बड़ी खलल पडती है, चार-चार करके।

आठ घंटा एकमुश्त ड्यूटी, मेरी बदलेगा कौन?

*

केवल पुरुष नहीं, महिला के भीतर भी रहती हूँ।

मेरी गिनती कम है, तो मुझे देखेगा कौन?

"[कापड़ी]"

33- (बराबर कर दें)

तू ऐड़ी उठा खुद को मेरे समान्तर कर दें।

छोटा भी है, तो कद मेरे बराबर कर दें।

*

नहीं माना जब मैंने खुद को हारा हुआ।

है कौन? जो मुझे मैदान से बाहर कर दे।

*

ठहराव रहेगा मुफलिसी में यह जरुरी नहीं,

परवरदिगार जिसे चाहे, उसे सिकंदर कर दें।

*

बददुवा से बचा लाया, मैं खुद को अब तक।

एक तो दुआ होगी, जो मेरी राह मयस्सर कर दे।

*

मोम का बना हूँ, पिघलने की लत है, मुझे।

कमज़र्फ मानेंगे नहीं, जाने कब मुझे पत्थर कर दें? "[कापड़ी]"

34- (जाना नहीं चाहता)

अगर हर मसले को लेकर तू अदालत में जाएगा।

जो भी तूने कमाया है, वो जमानत में जाएगा।

*

नया दौर है, रिश्तेदार के घर क्यों जाएगा?

फिर भी जाएँगा, तो यार मुसीबत में जाएगा।

*

जाना नहीं चाहता वो, तो मजबूर मत करो।

रहने दो, फिर कभी वो फुर्सत में जाएगा।

*

बहुत तेज भागता है, वो पैसे के पीछे-पीछे।

वो अपने घर भी जाएगा तो जरूरत में जाएगा।

*

अब फुर्सत किसे है, कि ऊपर जा के उसे देखे।

जहन्नुम में जाऐगा कि वो जन्नत में जाएगा।

*

जो बोया हैं, तू वही तो काटेगा यहाँ।

कर्मों का हिसाब ऊपर के अदालत मे जाएगा।

*

जितना ऊपर उससे ज्यादा भीतर हैं, जमीन के।

खुद को इतना छुपाकर किसकी वकालत मे जाएगा?

*

झूठ की मंडी खोल दी, तूने बचपन में ही,

"बेटा" तू अब जरूर सियासत में जाएगा।

"[कापड़ी]"

*

*

*

35- (हकीकत)

वो हकीकत है, कि यादो को दबा भी न सकूँ।

कागज नहीं, धुआँ है, जिसे जला भी न सकूँ।

*

कितने आसानी से कह दिया तने इसे हटा।

नीव का पहला पत्थर है, जिसे हिला भी न सकूँ।

*

सिसकती रही रूह, पलके मुस्कराती रही।

हवा में घोलकर गम को, अब तो उडा भी न सकूँ।

*

हलक तक पहूँच गया, जब किस्सा मोहब्बत का।

तो ये कोई जहर थोड़ी है, जिसे खा भी न सकूँ।

*

शोर मचाता था, आसमाँ सर में रखकर मैं कभी,

ताला पड़ा मेरी जुबाँ मे ऐसा, कि सुना भी न सकूँ। "[कापड़ी]"

36- (आजकल नहीं जाता)

जहाँ तू नहीं जाता, वहाँ तेरा दल नहीं जाता।

बिना टोली, झुंड के तू पैदल नहीं जाता।

*

अपने लब्जों के तीर से मुझे घायल मत कर-

तेरे पत्थर कहने से, मैं पिघल नहीं जाता।

*

दीवार ऊंची लगा दी मैंने दिल के आगे।

मेरा दिल अब किसी के महल नहीं जाता।

*

महफिलो में जाया करता था, खुद से मिलने।

तेरे ठुकराने के बाद, आजकल नहीं जाता।

*

लगा है, जमाना तुझे इंसान से देवता बनाने में।

देवता कह देने से तेरा गुनाह बदल नहीं जाता। "[कापड़ी]"

37- (योद्धा)

राह तेरा, वक्त तेरा, तेरे अन्दर दम होने का।

नहीं इजाजत तेरे देह की शक्ति को कम होने का।

*

है, इंतजार मंजिल को तेरे सफर की।

तेरे जिद्द, तेरे जुनून को, सनम होने का।

*

कहाँ तक जाएगा? यह सफर मालूम नहीं, मगर-

योद्धा नाम नहीं लेते रास्ता खत्म होने का।

*

मुकम्मल कर अपनी किस्मत की लिखावट को।

कोरा कागज नहीं होने का, तुझे कलम होने का।

*

पता नहीं तुझे, मगर उबाल बहुत है, तेरे खून में,

ये वक्त नहीं ठंडा होने का, तुझे गरम होने का।

*

भरा जो भी है, गर्द, उसे निकाल दे दिमाग से।

मंजिल मिलेगी आसानी से, ये तेरा वहम होने का।

*

लक्ष्य पकड़, दौड, इस दौड़ में भीड़ बहुत है।

खुद के लिए तुझे जरूर बेरहम होने का।

*

खाओ, सो जाओ, केवल यही तेरा जीवन नहीं।

जिंदा हैं तो दिखा, कुछ ऐसा दमखम होने का।

"[कापड़ी]"

*

*

*

38 - (बातों-बात)

दिल से अमीर अपना नुकसान छोड़ देते है।

दिल से गरीब अपना ईमान छोड देते हैं।

*

समझ लेते हैं, जो जिन्दगी को, मौत को।

ये 'जग' उनका है, जातीय मकान छोड़ देते हैं।

*

झुकते नहीं वो, जो सच के साथ हैं।

झूठे लोग हर मोड पर पहचान छोड़ देते हैं।

*

मंजिल उन्ही को मिलती हैं, जो हार मानते नहीं।

कमजोर लोग तो पहले ही मैदान छोड़ देते हैं।

*

मत कहो कि बातों-बात में बात निकल आई।

लोग बाते पकड़कर इंसान छोड देते हैं। "[कापड़ी]"

39- (सफर हवा में)

अंधेरे को क्या खबर कि मुखड़े कितने हैं?

आकर उजाले बताएंगे, धंधे कितने हैं?

*

अँधेरा इतना था, कि सारे हिस्से जुटा न पाया।

कातिल भी बता न पाया, मेरे टुकड़े कितने है?

*

ये जो मैं हूँ, चला जाऊँ जो छोड़कर खुद को।

फिर मुझे क्या, कि लाश मे कंधे कितने है?

*

एक बहता अश्क, जिसका घर ही आँख था।

वही आँसू हिसाब करेगा कि अंधे कितने है?

*

अक्सर सफर हवा में रहता है, जिनका।

क्या पता उन्हें कि सड़क में गड्डे कितने है? "[कापड़ी]"

40- (हर आंगन में)

मर भी जाऊ, तो भी जिंदा रहूँ, मन में।

मैं अलफाजो से जिंदा रहूँ, हर आंगन में।

*

फिसलती जा रही है, रेत समय की हाथों से।

मेरे मालिक, दरकार समंदर की थी, जीवन में।

*

देने को कुछ नहीं कविताओं की मंडी है, मेरे पास।

ऐसे बीज बोऊ की प्रेम का अंकुर खिले दुश्मन में।

*

आंखे है, तो जरा जोर से मेरी किताब पढ़ना।

थोड़ी देर मगर, कमी लाना किसी के अंधेपन में।

--- जगदीश चन्द्र कापड़ी

4. मुक्तक

परिंदो को सपने दिखाए जा रहे हैं।
महफूज कितने हैं, चूजे आजमाए जा रहे हैं।
परिंदो को बोला जा रहा है, घर बदलो।
बिल्लीघर में घोंसले बनाए जा रहे हैं।

जात-पात में जो तोड़ा आपने हमें नीलामी से।
बख्श दो हमारी जिंदगी आपकी गुलामी से।
वरना हम भी नया कारवां अंजाम देंगें।
बिखरे जो मिल गए तो पहचान लिखेंगे सुनामी से।

चेहरे के पीछे चेहरा है।
घमंड था, जिस पर मेरा है।
जीवन-ए-हयात कुर्बान कर बैठा।
मेरे अंधे प्यार का अलबेला है।

जो छुपा कर बैठे हो कब से वो ख़यानत दो।
अब वापस मुझे मेरी वो अमानत दो।
मन यह तन न जाने कब से कैद है।
आजीवन मुझे पहले वाली वो ज़मानत दो।

कभी मन-मयूर नृत्य करता मोर सा मन तेरा।
कभी वसंत ऋतु की भोर सा मन तेरा।
वही मौसम, वही महफिल, वही मौहब्बत है।
कभी जो न टूटे प्यार की डोर सा मन तेरा।

मैं शाहे बेखबर ऐसा नहीं जिसे आपकी फिक्र नहीं।
जब सोचूँ खुद को, ऐसा कैसे हो कि आपका ज़िक्र नहीं।
आपकी तस्वीर नजर आएगी, मेरी आँखों में देखो।
इस दिल में भी झाँक लेना आपके सिवा कोई चित्र नहीं।

माना कि शतरंज के खेल तेरे-मेरे थे।
खेल भी तेरा, मोहरे भी तेरे थे।
एक ही चाल में छीन ली सारी खुशी तूने।
जो बचा हिस्से में वो गम मेरे थे।

मेरे मौन को आज तक कहाँ समझा तुमने?
मन में उठ रही ज्वाला ये कहाँ समझा तुमने?
यू न ढिंढोरा पीटो मेरी फिक्र का बेमतलब.
सांस रोका नींद में मैंने, मुझे मरा समझा तुमने।

वक्त को वक्त नहीं फिर से आने का।

होश नहीं, वक्त गुज़र रहा दीवाने का।
तू बता तू कहाँ तलक पहुँचा है?
वादा कर अपना कारोबार जमाने का।

तलाश भी करू तो हर शख्श मौन होगा।
सच ये है, कि आपकी तरह कौन होगा?
सफर में एक जाता है, तो एक आता है।
मगर हूँ-ब-हूँ कहाँ से लाएं, आपकी तरह कौन होगा।

भूला नहीं मैं आँखो के पानी को अँगार बनाना।
भूला नहीं मैं, हाथों को तलवार बनाना।
निवृतः क्या हुआ दुश्मन सर उठाने लगा।
भूला नहीं मैं, जंग में हथियारों को यार बनाना।

बाल उसके उलझे थे, मेरे खोल रहा था।
एक पागल, जो मुझे पागल बोल रहा था।
नकली समान है, जिसके दुकान में वही शख्स।
अपने तराजू से मेरी कीमत तौल रहा था।

कभी हवा हो जाऊँ, तो कभी धुआँ हो जाऊँ।
मोहब्बत अगर खेल है, तो उससे जुदा हो जाऊँ।
कोई अपना है, जो पराया कहता है, मुझे।
मुंतजिर हूं, कि उसके लिए खुदा हो जाऊँ।

जहाँ भी बैठा हूँ, आज मैं निशब्द बैठा हूँ।
अधूरी कहानी है मेरी, तो बेलब्ज़ बैठा हूँ
बाज़ार में कीमत मेरी अलग-अलग बताते है।
सोच कैसे लिया सबने मैं उपलब्ध बैठा हूँ।

बता दूँ कि क्या आसमाँ से ये सूरज दिखाता है?
कहीं रोशनी, कहीं पसीना, कहीं मेहनत दिखाता है।
पसीना और मेहनत में बस फर्क इतना सा है।
पसीना दिखता है, और मेहनत दिखाता है।

मेरी दीवार पर पोस्टर लगा है, बदलाव का।
यार बोझ बहुत है, उम्मीदवारों पर तनाव का।
प्रचार में लग रही है, झड़ी, वादों की, विकास की।
देखा मैंने तो याद आया, ये मौसम है, चुनाव का ।

हाथ जोड़कर दिखा रहे रास्ता नये-नये प्रस्ताव का।
ऐसा न हो कि दोस्त से मन हो जाए टकराव का।
क्योंकि हारना चाहता नहीं, कोई उम्मीदवार यहाँ।
देखा मैंने तो याद आया, ये मौसम है, चुनाव का।

जो खुशनसीब थे, वो मुझे बदनसीब कह गये।

अनुशासन में हूँ सेना से, मगर बेतरतीब कह गये।
नहीं कर पाया, जब दोस्तो की शाम-ए-जाम।
वो जाते-जाते मुझे सुदामा से गरीब कह गये।

तोड़ा गुरूर उसने बादशाही के।
बगल से निकल गया, आँधी के।
पागल कर दिया एक चीटी ने,
घुसकर कान में, हाथी के।

भगाता है, सूरज अंधेरे को, डराता थौड़ी है।
उजाले खर्च बहुत करता है, कमाता थौड़ी है।
मेरे पास भी रोशनी है, जुगनू ऐलान करता है।
सूरज, चाँद, तारों, को मगर, बताता थौड़ी है।

विकास की अंधी दौड़ का झेल रहे दण्ड।
धराली में सब कुछ हुआ, खण्ड-खण्ड।
जहाँ पहले नदियां थी, वहाँ वसावट मत करो।
देवीय शक्ति का पवित्र प्रारूप है, उत्तराखण्ड।

कीमत बहुत थी, वक्त की बेकार क्यों किया?
डर दिखा के मौत का बिमार क्यों किया?
गुप्त रखी थी, जो खबर तुझको बताकर,
तोड़ मेरे दिल को, यूँ अख़बार क्यों किया?

सोचा न था जो तुझको मैंने, यार क्यों किया?
छुपा के काँटे फूल का व्यापार क्यों किया?
दूर रखा जुर्म को नाम से तेरे, काम से तेरे।
मेरा ऐलान था इंकार का, स्वीकार क्यों किया?

पानी ऐसे बहा फिर रुका ही नहीं।
बादल फटा फिर रुका ही नहीं।
बसावट राहों में करने से क्या फायदा।
सोच लेना विधाता झुका ही नहीं।

चुरा कर लहज़ा वो छ्ल रही है।
खोली जुबान, तो फिसल रही है।
लेकर पतवार बैठे हैं दुश्मन मेरे।
फिर भी नाव मेरी चल रही है।

कोई है तो बताओ यार, जो चहरे को पढ़ता है।
वो जब भी हँसता है, मेरे आँखों में खटकता है,
मर जाता था शरीर तो आत्मा भटकती थी, पहले
मर जाती है आत्मा अब, शरीर भटकता है।

जितने अपने उजाले है, उतने अँधेरे भी हैं।

मेरे घर में बिना झरोखों के कमरे भी हैं।
सांसो को थामकर पूरी रात सोता नहीं मैं।
अंदाज़ा नहीं तुम्हे कि यहाँ, हवा के लुटेरे भी हैं।

मैंने कब कहा दिल को दरिया बनाओ।
दिले से रूबरु करो, जीने का जरिया बनाओ।
चोट कितनी गहरी है दिल पर, मैं क्यूँ बताऊ?
काम नहीं करेगा लोहा यहाँ, नजरों का सरिया बनाओ।

चाँद नहीं आया तो वह जुगनू से सुलह कर आई।
अब जानू वह मीठी बातों से, क्यों कलह कर आई।
कुछ नहीं था उसके पास, सिवाय मेरे खोने के लिए।
हारती रही वो सबसे मगर - मुझे फतह कर आई।

।। जगदीश चंद्र कापड़ी ।।

धन्यवाद

www.ingramcontent.com/pod-product-compliance
Lightning Source LLC
La Vergne TN
LVHW100319210926
848480LV00003B/1182

* 9 7 9 8 9 0 2 9 6 1 5 0 5 *